道徳授業ハンドブック4

道徳の授業 Q&A

JN085906

新宮弘識

光文書院

目次

Ⅲ 教材研究に関するQ＆A

Ⅳ 子ども観に関するQ＆A

Ⅴ 学習過程に関するQ＆A

Ⅵ 導入に関するQ＆A

はじめに

　ゲーテの言葉に「人間は精を出している限りは迷うものなのだ。」という言葉がある。また，『論語』に「之れを知るを之を知ると為し，知らざるを知らずと為す。是れ知る也。」という言葉もある。何かに関して，それでよいかと疑問に思ったり，知らないことを知りたいと思ったりするのは，何かを求めているからである。

　教育のあり方について，疑問に思ったり，知りたいと思ったりすることは，よい教育を求めているからであるが，ここに示したQは，私自身のQでもある。

　第1段階は，辞書による学びである。Qに関するキーワードを抜きだし，その意味をできるだけ多種の辞書を使って調べるという作業である。

　第2段階は，書籍による学びである。Qに関する書籍に目を通し，メモをとってまとめるという作業である。

　第3段階は，辞書や書籍を通して調べたことをまとめ，それを，私の教師経験を通して検証するという作業である。

　第4段階は，まとめたものについて，他者の意見を聞くという学びである。

　以上の学びによってまとめたものが本書であるが，いまだ不十分である。

　願わくは，第4の段階の学友としての諸兄のご意見を仰ぎたい。

著者

I 基本的な考え方に関するQ＆A

Q1 道徳教育の目的としての豊かな心は，どのような心か

● 豊かな心について文部科学省は，いくつかの事例をあげて説明しているだけで，豊かな心とは何かの概念規定はしていない。行政機関が概念規定することは望ましいことではなく，我々教育者が考えるべきことであると理解しておこう。

● 経済的な豊かさとは，経済的に余裕があることをいう。心の豊かさとは，心に余裕があることをいうといってよかろう。

● 自分のことしか考えない人は，心に余裕がなく，心の貧しい人であろう。心がいつまでも幼児期であっては，人間として独り立ちはできない。

● 自分のことだけを考えて生活するのではなく，他者や集団，社会は勿論のこと，自然や崇高なものにも強い関心をもって関係を深め，人間のよさに向かって自分を高めていこうとする等，広い心をもっている人は，豊かな心の人といってよい。

● このように考えると，豊かな心は，次の４つの側面に要約できる。

> ・かけがえのない自分の存在を自覚して，自分を高めて生きていこうとする。
> ・自分と同様にかけがえのない他者の存在を自覚して，他者と共に生きていこうとする。
> ・集団や社会に支えられている自分の存在を自覚し，自分も，集団や社会を支えて生きていこうとする。
> ・かけがえのない自他の生命の大切さを自覚して尊重するだけでなく，自分は自然や崇高なものと深く関わり合っていることを自覚して，自然を愛し崇高なものに対する畏敬の念をもって生きていこうとする。

● この４つの側面は，『小学校学習指導要領（平成29年告示）解説 特別の教科 道徳』（以下『学習指導要領解説』とする）に示す内容項目を分類した４つの視点に基づいて，私なりにまとめたものである。４つの視点は，単なる視点ではなく，道徳的な意味をもっていると考えているからである。

● また，豊かな心は，人間のよさであり，それが道徳的価値であると考えられるが，その詳細は『新しい道徳の授業 人間のよさを語り合う豊かな時間』（新宮弘識著・洛慈社刊）を参照されたい。

Q2　内容項目は道徳的価値と同義であると考えてよいか

● タイにアジトをもつ日本人の詐欺集団が，責任感・冷静な心・集中力・だらけない・ネガティブにならない・絶対に稼ぐ等の心構えをもって悪事を働いているという報道があった。この心構えの中の，責任感・冷静さ・集中・だらけない・ネガティブにならない等の心構えは，表現こそ違えその内容は，『小学校学習指導要領（平成29年告示）』（以下『学習指導要領』とする）に示す）の内容項目と同一である。これらの内容項目は，「人を騙して絶対に稼ぐ」という方向で使用されているから悪である。

● ここで我々は，「責任感・冷静さ・集中・だらけない・ネガティブにならない等の内容項目は，道徳的価値であるか」と問う必要があると思う。

● ところで道徳的価値とは何か。『新道徳教育事典』（第一法規刊）では，道徳的価値について「価値あるものとは，大切なもの，望ましいものをいう」「生活に必要な物質に対して認められる価値は，一般的には経済的価値であり，望ましい生き方や行為にかかわる価値は道徳的価値である」と述べている。
このことから考えれば，先述した内容項目は，道徳的価値であるとはいえず，それが望ましい生き方，つまり，人間のよさに向かって活用されるとき，はじめて道徳的価値になるということができる。

● 内容項目と道徳的価値に関する文部科学省の見解をみてみよう。

> ・具体的な状況で道徳的行為がなされる場合，（中略）一つの内容項目だけが単独に作用することはほとんどない。
> 　『学習指導要領解説（平成20・29年）』（平成20年：p.35）・（平成29年：p.24）
> ・内容項目は，（中略）目標とする姿を表すものではない。したがって，児童に対して一方的に内容項目を教え込むような指導は適切ではない。
> 　　　　　　　　　　　　　　　　　　『学習指導要領解説（平成29年）』（p.145）
> ・内容項目は，児童自らが道徳性を発展させていくための窓口ともいうべきものである。　　　　　　　　　　　　　　『学習指導要領解説（平成20年）』（p.33）

● この文言を見れば，文部科学省も，道徳的価値と内容項目とは同義ではなく，道徳的価値は内容項目の上位概念であると考えていると思われる。

● したがって，道徳の授業は，「内容項目をどう指導するか」ではなく，「内容項目を窓口にして人間のよさ（道徳的価値）をどう学ばせるか」でなければならない。

Q3 内容項目を窓口にして学ばせる人間のよさ（道徳的価値）とは何か

● この質問は，内容項目の向かう方向が，人間のよさ（道徳的価値）であることは
わかったが，その内容は何かという質問である。

● 本書のⅠ-Q1「道徳教育の目的としての豊かな心は，どのような心か」（p.6）で，
4つの豊かな心を示したが，それが，人間のよさということができる。

● 道徳教育は内容項目を身につけさせることではない。内容項目を窓口にして，人
間のよさを考えさせてわからせ，それに感動し，自分もそうなりたいと思う意志
を育てることであるとする道徳教育観が大切である。

● 私の示した4つの人間のよさは，私の独善ではなく，『学習指導要領』の内容項
目の4つの視点や，原富男の「人間の存在構造」に基づいたものであることを付
記しておく。

註 - 「人間の存在構造」については，『新しい道徳の授業　人間のよさを語り合う
豊かな時間』（新宮弘識著・洛慈社刊）を参照されたい。

Q4 道徳の授業は，子どもに正直・根気強さ等の行為を身につけさせる教育か

● あるテレビを視聴していたら，ジャーナリストA氏の「道徳が教科になった。学
習指導要領を読んだら，道徳の授業は子どもに正直な人間を求める教育になって
いる。そのような教育はおかしい」という意味の発言が気にかかった。

● ジャーナリストが，このような誤解をするわけであるから，一般の人々が，「道
徳の授業のねらいは，正直・礼儀・勇気・寛容・勤労・感謝等の行為を子どもに
要求し，よい行為を身につけさせることである」と誤解するのも当然であろうと
思った。さらに，道徳の授業を行っている教師の中にも，道徳授業をこのように
誤解している教師がいないかとも危惧したのである。

● ジャーナリストA氏が誤解した，『学習指導要領』の内容項目を見てみよう。こ
こでは，従来の内容項目に，正直・礼儀・勇気・寛容・勤労・感謝等のような，
内容を端的に表す言葉が新しく付記された。これが，前記のような誤解を生んだ
一因ではないかと考えられるが，内容項目を詳細に読めば，前記した誤解が解け
るはずである。

● 中学年の内容項目に「家族など生活を支えてくれている人々や現在の生活を築い
てくれた高齢者に，尊敬と感謝の気持ちをもって接すること」（『学習指導要領』

p.167）という文言がある。

● 「感謝する」も「尊敬する」も動詞であり，行為である。

● 道徳教育は，このような行為だけを身につけさせようとしているわけではない。このような行為を，親だから，高齢者だからとして，「感謝しなさい」「尊敬することはいいことです」と子どもによい行為を要求する教育は，価値の強要にもなりかねない。

● 大切なことは，「ありがとう」「立派だなあ」と，「言わずにはいられない心」が，子どもの内面から湧き出る教育を行うことである。内面から湧き出る心に発した行為であるとき主体的になるのである。

● では，育てるべき，内なるものは何か。それは，家族や高齢者が，自分の成長を支えるために，どれだけの苦労をしてきたかを具体的に知ることである。

● 例えば父母が，自身のことを後回しにして自分を支えてきたり，仕事を通して家族を支えてきたりしてきたことを知れば，「ありがたいなあ」「すごいなあ」という心が自然に湧き出る。

● 例えば今の自分が，何の不自由のない衣食住を保証され，安心して遊んだり学んだりできるのは，高齢者が，住みよい社会を築くために長い間働いてきたことや，その過程で，豊かな智恵を貯えてきたからだと知れば，感謝と尊敬の念は自然に湧き出るはずである。

● このことを内容項目では，「家族など生活を支えてくれている人々や現在の生活を築いてくれた高齢者に」（『学習指導要領』p.167）という文言で述べているのである。

● 『学習指導要領』の内容項目のほとんどは，このように，よい行為だけでなく，その行為を生む心の教育も重んじているのである。

● もう一つ例をあげよう。高学年の内容項目では，「誰に対しても思いやりの心をもち，相手の立場に立って親切にすること。」（『学習指導要領』p.166）という文言がある。「親切にする」は，行為である。「思いやりの心」は，親切という行為を生む心である。『学習指導要領』では，「親切にする」という表層と，「思いやりの心」という深層とを層的な関係において指導するように示しているのである。

● 困ったり悲しんだりしている人に接すると，自分が困ったり悲しかったりした時の気持ちを思い出し，「つらかろうなあ」「悲しいだろうなあ」と自分の心を相手に推すのである。己を推すことを恕という。こうして己を推せば，黙ってみていられない忍びざるの心が自然に湧き出てくる。このような思いやりの心が自分の中に充ちてくると，何とかしてやりたいという行為が生まれる。それが親切にす

るという行為である。

- このように，道徳教育はよい行為だけを子どもに要求しているのではなく，行為を生む心を育て，その心が自然に，よい行為を生むことを期しているのであり，このような教育によってよい行為が主体的になるのである。

Q5 道徳の授業は，道徳的心情を深める学習と，道徳的価値を考えさせる学習のどちらを重んじたらよいか

- 一般的に行われている道徳の授業は，登場人物の気持ち中心の情に偏った授業が多い。人間を突き動かすものは，気持ちという情であるから，情を育てる教育は大切である。
- しかし，気持ちという情は，条件が変わればすぐに変わるという危うさがある。
- そこで，道徳的価値を考えてわかるという理の学習が大切になる。理に立った情であれば，より確かなものになる。
- 「智に働けば角が立つ。情に棹させば流される。」は，夏目漱石の『草枕』の冒頭にみえる言葉であるが，人間の営みにおける情と知（理）とは，一長一短があり，相互に支え合ってこそ，人間のよさが倍加する。
- このように考えると，道徳的価値を考えてわかるという理の教育を深めていけばいくほど，道徳的価値の大切さを感じとり善を行うことを喜び，悪を憎むという情が深まり，道徳的実践意欲と態度が育っていくといえるのである。
- したがって，情の教育か理の教育かという二者択一の考え方はなく，「理を究め，情に居る」教育でなければならないといえるのである。

Q6 道徳の授業は，子どもの問題点を改めさせる教育と，人間のよさをもっている自分を覚醒させる教育のどちらを重んじたらよいか

- 一般的な道徳の授業は，子どもの問題点をみて，それを改めさせようとする傾向が強いように思われる。道徳指導案の児童の実態の項では，子どもの問題点を論って，それをどのように改めさせるかという記述が散見される。
- 子どもは，人間のよさをもっているのに，そのような道徳的な可能性をもっている自分を自覚していないのである。子どものもっている人間のよさを自覚させる授業を行えば，人間のよさを積極的に求める明るい授業になろう。道徳教育は，性善説に立っていることを忘れてはならない。

● 私がこのことに気付いたのは，小学一年生を初めて担任した41才の頃であった。それまでは，高学年を担任していたこともあって，子どもの問題点を自覚させ，それを改めさせる教育を行ってきたのであるが，低学年の子どもには，この教育が全く通用しないことを実感したのである。

● このこと以降，子どものもっている人間のよさをみるように努め，人間のよさを自覚させる教育のあり方を模索してきたのである。

● 考えてみれば，道徳教育は性悪説ではなく性善説に立っている。人間の性（生まれながらの心）について孟子は，「惻隠の心無きは，人に非ざるなり。羞悪の心無きは，人に非ざるなり。辞譲の心無きは人に非ざるなり，是非の心無きは，人に非ざるなり」といっている。人間は子どもでも，このような心をもっているのである。

● このことを，観点を変えて考えてみよう。国語や算数などの教育は，百点満点を目指している。満点を取ることが可能だからである。一方，道徳はどうだろうか。「六十七十　はなたれこぞう」といったのは平櫛田中（1872〜1979）であるが，百点満点の聖人はどこにもいない。人間は，人間のよさとしての豊かな心と煩悩との間で揺れながら，豊かな心に向かって生きているといってよい。人間の可能性に向かって生きているのである。

● このような人間の可能性に向かって生きる教育によって，人間のよさがわかり，感動し，そのよさは自分ももっていることを自覚すれば，その可能性に向かって生きようとするはずである。

● このような人間のよさを自覚して，可能性に向かおうとする心の教育は，低学年だけでなく高学年も同じであり，それは，道徳教育の「もと」であるともいえる。

● しかし私は，子どもの問題点を指摘してそれを改めさせる教育を否定しているわけではない。自分の問題点を自覚して，それを改めようとする学習能力が育つ時期を待ってその教育を行うことは大切なことである。それは，いつ頃であろうか。

● 経験的にいえば，その教育は高学年の頃から少しずつ始めるべきではないかと思われ，小学校低学年や中学年の時期は，人間のよさにどっぷり浸かる教育に重きを置くべきではないかと思う。

Q7 「道徳は教えてはならない」といわれるが，教師の指導は，どのように考えたらよいか

● 「道徳は教えてはならない」というのは，価値の強要の戒めの言葉であろうと思

われる。価値の強要とは，相手の意志を無視して，よい行為や考え方を強いることであり，子どもと教師との関係は，このような関係であってはならない。

● 教師も子どもと同じように，不完全な存在である。そのことを自覚すれば，人間のよさを学び合おうとする心が自然に生まれる。その関係が「学友」という関係である。

● 互いに，人間のよさを求めて生きようとしている者同士，つまり「学友」という意識をもてば，価値の強要はなくなろう。

● 学友であるといっても，教師は子どもよりも，経験が豊かで学問に関する造詣も深い先覚者（学問や見識のある先輩）である。経験や学びから得た智恵を生かして，「自分は，このように思うが，あなたは，このことをどう考えるか」と先覚者の考えを子どもに問いかける教育は大切である。

● それは，価値の強要ではなく，教師の務めではないだろうか。

Q8 一時間の授業で，子どもは変わるか。変わるとすれば，子どもを変えるものは何か

● 45分間の道徳の授業で，子どもは変わるといえば，「道徳教育の成果を，短絡的に期待してはならない」とする意見が生じる。正論である。人づくりの教育であるから，道徳の授業の成果を大局的・長期的にみることは大切である。45分の授業で子どもの生き方が急に変わるわけではない。

● しかし，道徳の時間では，人間としてよく生きる心のよさが少しだけわかったり，それに心を動かしたり，何かを行おうと思ったりする。このような子どもの心の小さな変化は，時間を経ればまた，元に戻るかもしれないが，このような学習を繰り返していくことによって子どもの生き方が少しずつ変わっていく。その大切な営みが，道徳の授業である。人づくりという大局的・長期的な見方が大切だからといって，一時間一時間の道徳の授業を疎かにしてよいわけはない。

● では，道徳の授業で，子どもの心や力を少しだけでも変えるものは何か。

● 大人も子どもも不完全な存在である。だから，高みに向かって生きようとしているのであるが，自分一人だけではよく生きることはできない。そこで「我以外，皆我が師」という心をもって学ぶことが大切になる。人間は子どもであっても，よく生きたいとする求める心をもっているのである。この求める心こそが子どもを変える「もと」になっているのであるが，具体的には，次のことが考えられる。

● 第一は，道徳の授業である。道徳の授業では「教材に登場する人物の生き方に学

ぶ」「教材を読んだ友だちの考えを聞いて学ぶ」「教材を読んだ先覚者としての教師の考えを聞いて学ぶ」等の学びをあげることができよう。このような学びによって，行為が急に変わるわけではないが，子どもの心は変わっていくのである。

●第二は，日常生活における学びが考えられる。道徳の授業を通して学んだことについて，家族や身近な人々と話し合って確かめたり，調査や読書によって拡充したり，実際に行って納得したりすることが考えられる。

註－この詳細は『新しい道徳の授業 人間のよさを語り合う豊かな時間』（新宮弘識著・洛慈社刊）を参照されたい。

Q9 道徳の授業は，年間指導計画のとおりに行わなければならないか

●『学習指導要領解説』（p.76）の「計画の弾力的な取扱いについて配慮する」の項に次の文言が見られる。

> ・年間指導計画の弾力的な取扱いは，「時期，時数の変更」「ねらいの変更」「教材の変更」「学習指導過程，指導方法の変更」が考えられる。
> ・指導者の恣意による不用意な変更や修正が行われるべきではない。変更や修正を行う場合は，（中略）より大きな効果を期待できるという判断を前提として，学年などによる検討を経て校長の了解を得ることが必要である。

●二つの文言を積極的に読めば，年間計画の変更や修正は行ってよいが，いくつかの条件があるということであろう。

●その条件は，恣意による変更や修正は行ってはならないということである。恣意とは，「検討しない思いつき」の意があるが，公教育であるから，不用意な思いつきや偏った考え方による変更や修正は行うべきではないということである。

●そういう恣意を防ぐために，学年などによる検討や校長の了解を得るという条件がついているわけである。

●以上は行政的な観点からの条件であるが，教育的観点からの条件も見落としてはならない。まず，「より大きな効果を期待できるという判断を前提にしている」ことである。また，不用意な変更や修正によって，指導の系統が乱れることにも留意する必要であろう。

●このように考えると，年間指導計画を変更したり修正したりすることに逡巡するが，道徳の授業は，「特定の教師と子どもによって作り上げられる作品である」

といえるから，積極的に変更や修正を行うことも大切ではないかと考えられる。

●特に，指導過程の弾力的な取り扱いは，今回の学習指導要領改訂の趣旨の一つでもある授業の多様化という点から考えても，積極的でありたい。

Q10 道徳での複数時間扱いの授業は，どのように考えたらよいか

●一般的な道徳の授業は，一内容項目，一教材，一時間というように，「一」で統一されているが，私は，複数内容項目，複数教材，複数時間という授業があってもよいと考える。

●『学習指導要領解説』（p.83）の「学習指導の多様な展開」の項に，次の文言が見られる。

> ・道徳科の学習指導を構想する際には，学級の実態，児童の発達の段階，指導の内容や意図，教材の特質，他の教育活動との関連などに応じて柔軟な発想をもつことが大切である。

●授業の柔軟な発想という点から考えれば，複数時間扱いは積極的に行うべきであろう。

●このことは，内容項目数から考えても可能である。内容項目数は，低学年19，中学年20，高学年22，中学校22である。小学校の年間の道徳の授業時数は1年生が34時間，2年生以上が35時間であるから，一内容項目を1時間ずつ行ったとしても時間的に余裕があり，2時間扱いは可能である。いくつかの内容項目を関係づけて指導すれば，ますますその可能性が高まる。

●問題は，第一時と第二時との間に，一週間の空白があるから，このことをどのように考えるかである。

●これは，第一時の終末で，どのような活動をするかが深く関係している。つまり，どのような課題を残して終末を終わるかである。

●第一時で学んだことをまとめて，学んだことを一週間の日常生活を生かして，どのように拡充するかという課題をいかに設定するかである。そのあり方によっては，一週間の空白をプラスに生かすことができよう。

●終末のあり方については，本書のⅧ-Q2「終末で，生活上の課題をもたせる学習は，どのように考えたらよいか」（p.52）で詳細に述べる。

Q11 ローテーション道徳の意義は何か。どのようなよさや問題点が考えられるか

- ローテーション道徳とは，一人の教師が得意な主題を担当して，他の学級の道徳授業を受けもち，互いに協力し合って，道徳教育を進めようとする方法である。

- 一人の教師が得意な授業をもち，いくつかの学級の授業を何度でも行うわけであるから，内容的にも方法的にも教師力が熟達していくことが考えられる。また，熟達した教師による授業を受けた子どもたちも，道徳的に充実した授業が受けられよう。

- ローテーション道徳には，問題もある。学級担任以外の教師が，道徳の授業を行うわけであるから，子どもたちの生活や学級の特質をよく知らないで授業するというマイナス面が考えられる。

- 重要なことは，ローテーション道徳を行った方が，子どもの道徳的成長にとって，より大きな効果が期待できるか否かであり，教師の都合であってはならない。

- 『学習指導要領解説』では，道徳の授業は学級担任が行うようになっているから，学校長の了解が必要になろう。

Ⅱ　ねらいの立て方に関するＱ＆Ａ

Q1　道徳の授業のねらいは，他の教科に比べて抽象的でわかりにくい。もっと具体的なねらいを設定するには，どうしたらよいか

- 道徳授業のねらいは，確かにわかりにくい。研究会で「この授業で先生は何をしたかったのですか」と質問しても，的確な応えが返ってこないことが多い。ねらいが明確でなければ，教育方法を考える拠り所がなく，授業の型に頼ることになる。

- 我々は，道徳の授業を通して，どのような心や力を育てようとしているかを，子どもの立場に立って考えてみよう。

- まず，「人間の行いやその行いを生む心について，話を読んで考えたり，友達と話し合ったり，先生の考えを聞いたりして，いろいろな人間のよさがあることがわかった」という人間のよさの理解が行われる。このような理解は，適切な判断力になる。

- こうして，道徳的理解や判断力が広がったり深まったりしていくにつれて，「それはすばらしいね」「そういう心をもっている人は大好きだ」「そういう友だちがいるといいなあ」「私たち人間みんなは，そのようなよさをもっているんだね」「私ももっていることがわかって，とてもうれしい」等の道徳的心情が高まっていく。

- このように道徳的理解に立った道徳的心情の深まりによって，「いろいろな人と生活するための秘訣が見つかった」「よし，今日勉強したことを，もっと詳しく調べたり，関係の深い本を読んだりしてみよう」「実際にやってみよう」等の道徳的実践意欲と態度が高まっていくのである。

- 道徳の授業における子どもたちの学びをこのように考えると，人間のよさを考えてわかるという道徳的理解・判断力，その人間のよさに感動するという道徳的心情，自分も人間のよさを拡充しようとする道徳的実践意欲と態度という観点からねらいを設定することが考えられる。

- このことに関して，押谷由夫氏は，ねらいを達成するための小目標として，「自ら感じ（気づき），考え，判断し，意欲的に道徳的実践のできるようにすること」のように考えたらどうかと主張しているが，表現こそ違え，その趣旨は私の主張と同じである。

Q2　ねらいは，道徳的心情か，道徳的理解か，どちらか一つに絞って設定したほうがよいか

● 一般的な道徳の授業は，教材に登場する人物の気持ちを考えさせる情を中心にした授業が多い。その理由は，私にはよくわからない。道徳的理解という理の学習と情の学習とを同時に行うことは，子どもの能力からみても難しいし，時間的な余裕もないという理由であろうか。

● 人間は，理では動かない。人間を動かすものは情である。しかし，その情が理に支えられていないと危ない。したがって，筋道を立てて冷静にものごとをみたり考えたりする理の力を育てる教育の上に，そういう考え方はいいな，すばらしいな，美しいなとする情の教育を行うことが重要であることは，本書のⅠ−Ｑ5「道徳の授業は，道徳的心情を深める学習と，道徳的価値を考えさせる学習のどちらを重んじたらよいか」（p.10）で述べたとおりである。

● このように考えると，理と情の教育は，同時・同所的でなければならないとする教育論になる。この考えに立つ道徳授業を私は，旨くて香り高い酒に例えて「こくのある芳醇な道徳授業」とよんでいる。

● ところで，このような教育は重要であるが，理と情との両面からの学習は，時間が足りないとする意見もあるだろう。しかしそれは，複数時間の設定によって解決できよう。

● また，理の教育と情の教育とを関係づけて考えさせることは，子どもの能力から考えて難しいとする意見もあろう。子どもの能力を限定的にとらえるのではなく，少しずつ挑戦させることで，子どもは成長していくのではないだろうか。

● このような教育を，教師の都合で難しいとするのは，論外である事を付記しておく。

Ⅲ　教材研究に関するＱ＆Ａ

Q1 道徳の教材研究の方法として「人間のよさを求めている一人の人間として読むことが大切である」といわれるが，それはどのような研究か

- 教師が道徳の教材を読む時，一つの内容項目から読むのが一般的傾向である。
- ところが，子どもは教材を一つの内容項目から読むことはほとんどない。色々な視点から多面的・多角的に読むはずである。ここに，教師と子どもとの間に教材の読みのずれが生じ，教師の読みにない子どもの反応を無視する授業にもなる。
- また，本書のⅠ-Ｑ2「内容項目は道徳的価値と同義であると考えてよいか」（p.7）の項で述べたように，教材には一つの内容項目から人間のよさが描かれていることはほとんどない。教師が教材に描かれている人間の生き方を一つの内容から読んで授業を行えば，「木を見て森を見ず」の授業になろう。
- このようなことを考えると，一つの内容項目から読もうとする教師の教材研究のあり方を改善する必要があると思われる。
- 教師も子どもと同じように，人間のよさを求める者の一人として，「自分はこの教材から何を学ぶか」「何に感動したか」と自分を重ねて虚心坦懐に教材を読む必要があるのではないだろうか。
- 別言すれば，次のように多面的・多角的に読むことが大切であるといえる。

> ・人間のよさを行為だけでなく，行為を生む心からも読む。
> ・行為を生む心を，いろいろな観点から読む。
> ・人間のよさを，いろいろな内容項目から関係づけて読む。

- このように，教材を多面的・多角的に読めば，子どもの多様な反応の道徳的意味を理解して，授業を進めることができよう。

Q2 教材の一部を削除したり，書き直したりして活用してもよいか

- 「この教材は，結論が出過ぎており，子どもが主体的に考える上で削除した方がよい」「この教材は，余分な文章があり，削除した方が，子どもは理解しやすい」等の理由で，教材の一部を削除して活用したいが，著作権上の問題はないかとい

う質問であろう。

● 道徳の教科化によって，教科書が一人一冊無償配布されたわけであるから，このような質問が多くなるのは当然である。

● 結論からいえば，ノーである。教材は一幅の絵であるともいえる。絵の一部が気にいらないからとして，絵を修正することはない。教材も絵と同様に作品である。

● 従来現場では，著作権の問題に関して，余りにも無神経ではなかったかと思う。教材に限らず，教育研究に関する論文についても，他者の文を，出典を明示せずに使用する傾向がないだろうか。この機会に改めたいものである。

● 教材を二分して活用することもある。これは，作品に手を加えることではないから許されると思われる。その場合，二つの文で一つの作品だということを，機をみて話すことを忘れてはならない。

Q3　教科書にない教材を活用してはいけないか

● このことは，本書のⅠ-Ｑ９「道徳の授業は年間指導計画のとおりに行わなければならないか」（p.13）で述べたとおり，教材の取り扱いも同様である。

● 教材の弾力的な取り扱いは，認められているが，次の条件が前提になっている。
　・子どもの道徳性を養うという観点から考え，より大きな効果が期待できること
　・学年などの検討を経て，校長の了解を得ること

● このような教材の取り扱いは，地域教材や映像教材など，多様な教材活用も含めて，積極的に進める必要があるのではないか。「日々新たなり」（『礼記』「大学」）である。

Ⅳ　子ども観に関するQ&A

Q1　子どもをみるには，どのような観点が考えられるか

● 主に，次の３つの子どもをみる観点が考えられよう。
　① 　ねらいからみる
　② 　行為だけでなく，行為を生む心からもみる
　③ 　学習能力からみる
● 以上の３つの観点から子どもをみる場合，本書のⅠ-Q6「道徳の授業は，子ど
　もの問題点を改めさせる教育と，人間のよさをもっている自分を覚醒させる教育
　とのどちらを重んじたらよいか」(p.10)で述べたように，子どもの問題点よりも，
　子どもの可能性をみるように努めることも大切であろう。
● 以下，項を起こして具体的に考えてみよう。

Q2　ねらいから子どもをみるには，どのような観点が考えられるか

● 道徳の授業もねらいを設定して行うわけであるから，ねらいから子どもをみるこ
　とは，極めて重要なことである。
● ところが，一般的に設定されているねらいは，余りに漠然としていて，子どもを
　みる観点にならないのではないかと思われる。
● そこで，ねらいを具体的に設定する必要があるが，このことについては，本書の
　Ⅱ「ねらいの立て方に関するQ&A」(p.16)で詳述しているとおりである。
● その項では，ねらいを，道徳的理解，道徳的心情，道徳的実践意欲と態度の３つ
　の点から設定しているから，それに基づいて子どもをみる観点を考えればよい。
　具体的には，次のようにいえよう。
　・人間のよさについて，子どもは，どの程度理解しているか。（理解）
　・人間のよさに触れて，子どもは，どの程度感動できるか。（心情）
　・人間のよさを実践しようとする意欲は，どの程度可能か。（実践意欲と態度）

Q3 子どもの行為を生む心をみるには，どのようにみたらよいか

● 心をみようとしても，心は目に見えないから難しい。そこで，目に見える行為を窓口にして心をみることになる。

● 一つの行為であっても，その行為を生む心は多様である。例えば，車中で高齢者に席を譲るという行為と，その行為を生む心は多様であり，道徳的に違う。

● 親切ごかしは，自己中心的であり褒められることではない。周りの目を意識した心から生まれた行為は，没主体的で，道徳的な善であるとはいえない。困っている高齢者をみるに忍びない心から生まれた行為が，道徳的な善であり，褒められてよい。

● 子どもの心をみるには，このように，一つの行為を通して，その行為を生む心を多様にみなければならない。

● この例のように，自己中心的な心から生まれた行為であるか，他者の目を意識した他律的な行為であるか，他者と共生しようとする心から生まれた行為であるかという観点から子どもをみることが大切であろう。

Q4 道徳の授業における子どもの学習能力は，どのような観点からみたらよいか

● 人間を学ぶ学習能力に関して，『中庸』に，「博学，審問，慎思，明弁，篤行」という興味深い文がある。

● 「博学」とは先達が残してくれた文化を博く学ぶことである。「審問」は，文化を学ぶ過程で，わからなかったり疑問に思ったりしたことを細かいところまで明らかにしようと求め続けることである。「慎思」は，わからなかったり疑問に思ったりしたことを，あらゆる観点から慎重に考えることである。「明弁」は，わかったことを論理的に分類することである。「篤行」は，わかったことを，心を込めて行うことである。この五つの中の一つでも疎かにするようでは，学んだとはいえないという意味である。

● この文を参考に，道徳の授業における子どもの学習能力をみる観点を考えてみよう。次のような観点が考えられるのではないだろうか。

① 人間のよさに関してわからなかったり疑問に思ったりしたことを，わかるまで問い続ける能力。

② 教材を読んだり，教材を読んだ友だちや教師の考えを聞いたりして，人間のよさを考え，それを理解する能力。

③ 人間のよさを，自分の経験に基づいて考え理解する能力。

④ 人間のよさを，表面的な行為だけでなく，行為を生む内面的な心からも関係的・構造的に考える能力。

⑤ 人間のよさを，いろいろな内容項目から多面的・多角的に考える能力。

⑥ 自分や友だちの考えを，道徳的観点から比較したり類別したりする能力。

⑦ 学んだ人間のよさに感動する心。

⑧ 学んだことを道徳的観点からまとめる能力。

⑨ 学んだことを実行に移そうとする能力。

註 – 能力＝スキーや水泳等のように，一度身についたら，衰えることはあっても忘れたり，なくしたりすることのない力

V　学習過程に関するQ＆A

Q1　道徳の授業の多様化が強調されるのは，なぜか

- 同じ指導案に従って，同学年の他のクラスの授業を行うとしよう。必ず成功するとは限らない。子どもが違うからである。
- 他教科と比較して，道徳に関する子どもたちの生活経験は，個々に大きく異なる。道徳の授業は，教科書という共通の教材があるとはいえ，その教材の理解は，一人ひとりの子どもの生活経験に基づいてなされるわけであるから，多様である。
- また，授業は道徳の授業に限らず，学習能力や学級の「気」の影響を受けるが，道徳の授業は，それが顕著である。
- 効果的といわれる，一つの授業の型を忠実に行っても，成功しないのである。
- 教育界も，マニュアルばやりであるが，マニュアルで育つ心や力は，低次のものではないだろうか。
- 道徳の授業の究極は，子どもと教師とが，人間のよさを求め合う学友として，人間のよさを語り合う多様で豊かな時間でなければならない。

Q2　多様な授業には，どのような授業が考えられるか

- 一般的には，「誰にでもできる道徳の授業」を求め，その型に従って道徳の授業を行おうとする傾向が強い。
- ところが，よいといわれる授業の型に従って授業をしてもうまくいかないのである。
  授業を成立させる条件が違うからである。
- 能や茶道の進歩を示すのに，守・破・離という言葉がある。これは，教師の教育力の進歩にもいえる。
- 守は，先達が開発した授業の型をまねる初歩の段階であり，できるだけ早く卒業したい。
- 破は，先達が開発した授業の型だけでは，授業がうまくいかないことがわかり，離を求めて四苦八苦（苦吟は難）する段階である。授業の型が開発された教育原理を探ったり，他の授業は考えられないかと苦心したりする段階である。

●離は，ねらいや内容，教材，子どもの道徳性や学習能力，学級の特性等の授業を成立させる様々な条件の違いを考えて，臨機応変に授業を進めることができる段階である。この段階に到ることは至難であるが，教師なら誰もが求めたい理想の段階である。

●破や離の段階に到るための参考に次の5つの授業を示す。

> ①　問題解決的な道徳の授業
> ②　余韻を残して終わる道徳の授業
> ③　いくつかの内容項目を関係づけて考えさせる多面的・多角的な道徳の授業
> ④　理を究め情に居る，こくのある芳醇な道徳の授業
> ⑤　大主題構想（総合単元的な道徳学習）

註－5つの授業以外に，教材に登場する人物の気持ちを考えさせる心情道徳といわれる授業や，役割演技を活用した道徳の授業等もあるが，私は，その教育的な意義に疑問をもっており実践したことがないので，ここでは取りあげない。

Q3　問題解決的な道徳の授業とは，どのような授業か

1　主な学習過程

① 生活経験を想起して話し合い，自分たちの道徳的な見方・考え方を明らかにし，その見方・考え方をもとに，道徳的な問いを把握して解決しようと思う。	・道徳的な問いを把握する。
② 問いに対して，自分たちなりの考えをもつ。	・問いに対して仮説を立てる。
③ 教材を通して，自分たちが立てた考えを確かめたり，新しい考えを学んだりする。	・教材を通して仮説を検証したり，新しく学んだりする。
④ 教材を通して学んだことを，最初の問いに照らし合わせて結論を出す。	・問いに対して結論を出す。
⑤ 学んだことを生活の中で生かしていこうとする。	・結論を応用する。

2 この授業の特色と正否を決める要点

● 人間の，よく生きる営みは，問題解決の連続であるともいえるので，問題解決的な授業は，そのような人間の営みの縮図であるともいえる。

● 問題解決的な学習は，何らかの問題に直面し，それを強く意識したときに始まる。

● したがって問題解決的な学習の始まりは，「このことを，ぜひ考えたい」とする子どもの切実な道徳的な問いの意識から始まるといえるから，問いをいかに設定するかが重要であり，問いの意識が強いほど，それを解決したいとする主体性も強まる。

● その問いは，「どうしたらよいか」という行為だけではなく，「行為を生むものはどのような心か」を問うて，行為と心を関係づけて考えさせることが重要である。

● 問いに対して，自分（たち）なりの考えを確立させた上で，教材の読みに入ることで，主体的な学習になりやすい。

● 教材を通した学び合いでは，各自が教材から学んだよい行為やその行為を生んだ心を発表させて，学び合わせることが大切であり，その学び合いを深めるには，各自の発表を道徳的観点から比較させたり，分類させたりする必要がある。

● 学び合ったことを適切な言葉でまとめさせ，それを問いに照らし合わせることが大切である。

● この授業は，一時間では終わらないことがある。その場合は，複数時間扱いも考えられる。

3　具体的事例

主題名　お父さん・お母さんの心（2・3年）	家族愛・感謝
教材名　「お母さんは，なぜ，きびしいの」	

ねらい

● 親の表面的な言葉にとらわれず，親の愛の心を理解しようと努めるとともに，自分の生き方を立ち止まって考えようとする。

　・親は，子どもに対して厳しい態度をとることがあるが，それは，子どもの成長を願う心から生まれていることがわかる。　　　　　（道徳的理解）

　・そのような親の心に，ありがたいと心を動かすことができる。（道徳的心情）

　・親の表面的な言葉にとらわれず，親の心がわかり期待に応えようとする。

　　　　　　　　　　　　　　　　　　　　　　　　　　　（道徳的実践意欲と態度）

展開の概要

【第一時】

① 「お父さんやお母さんが大嫌いだ」と思った経験を思い出して話し合う。

　・いつも，勉強しなさいと，うるさく言う。

　・テストで間違えると，怒る。

　・弟とけんかをすると，私が悪いように言う。

　・優しくない。

　・いつも，うるさくて厳しい。

② 「お父さんやお母さんは，どうして厳しいのか」について話し合う。

　・「お父さんやお母さんは，厳しくて嫌い」という意見や，「何かわけがあるのではないか」という意見について話し合う。

③ 教材「お母さんは，なぜ，きびしいの」を読んで，親の心について話し合う。

　・表面的な厳しさと，その行為を生む親の愛の心を浮き彫りにする。

④ 「自分の親の心を，聞いてみよう」という課題について話し合う。

【第二時】

① 「お父さんやお母さんの心」についての発表会を開き，親の心について話し合う。

② 「お父さんやお母さんの心は，○○の心」という文の○○に，どのような言葉を入れるかについて話し合う。

※教材　子どもの作文「お母さんは，なぜ，きびしいの」による

1 主な学習過程

①	「先生の話によると，この話は，人間のすばらしさが描かれている話だそうだ。すばらしいところはどこだろう」等の意識をもって，教材の読みに入る。	・問いをもって，教材を読もうとする。
②	教材を読んで，各自がみつけた人間のよさを発表し，それを行為と行為を生む心とに分けて構造的に関係づけて話し合う。	・教材を人間のよさから考えて学び合う。
③	よい行いを生む心は，誰でももっていることを確認し合って，「人間っていいなあ」と余韻を残して終わる。	・余韻を残して終わる。

2 この授業の特色と正否を決める要点

● 食事には，フルコース以外に軽食があるように，授業にも，簡略化された授業があってよい。

● それは，教師の手抜きということではなく，授業を成立させる条件を生かした授業の一つであるとする教育観に立っている。

● この授業は導入・展開後段・終末を簡単に扱い，展開前段の教材を中心にした活動に重点を置いた授業である。

● この授業の正否を決めるのは，どのような教材を選定するかである。

● 教師にも，人間のよさに向かって生きようとする一人として，人間のよさを学んだり，感動したりした教材があるはずである。そういう教材を選定することが大切である。教師が学んだり感動したりしない教材は，子どもにとっても魅力はない。

● 教材の選定は，道徳の教科書だけでなく，国語の教科書や一般的な物語，絵本，地域教材等からも選定したい。このような柔軟な教材の選定は，『学習指導要領』（p.76）に示しているとおり可能である。

● ここで取り上げたい教材は，「二わのことり」「泣いた赤おに」「走れメロス」のような名作といわれている教材が適切ではないかと思われる。

● 主な学習過程の②では，行為を窓口にして，行為を生む心を考えさせることが大

切であるが，その心をいろいろな観点から考えさせた適切な言葉でまとめたい。

● 主な学習活動③は，簡潔に余韻を残して終わりにしたい。

● できることなら，「人間は，いいなあ」という声が子どもから自然に生まれる授業を期待したい。

3　具体的事例

主題名　忍びざるの心（高学年）　　　　　思いやりの心・友情・生命の尊さ
教材名　最後の一葉

ねらい

● 親切な行為は，相手のことを自分のことのように大切に思う心から生まれることがわかり，困っている人に対して，忍びざるの心をもって自分にできる精一杯のことをしようとする。

・他者のことを自分のことのように考えて行動している人のよさががわかる。
　　　　　　　　　　　　　　　　　　　　　　　　　　　　　　　　（道徳的理解）

・忍びざるの心をもって生きようとしている人はすばらしいと，感動することができる。
　　　　　　　　　　　　　　　　　　　　　　　　　　　　　　　　（道徳的心情）

・自分も，忍びざるの心をもって生活していこうとする。

　　　　　　　　　　　　　　　　　　　　　　　　　　　　（道徳的実践意欲と態度）

展開の概要

① 教師から，すばらしい人の話があることを聞いて，「その人は，どのような人だろう」という問いをもって教材「最後の一葉」を読もうとする。

② 教材「最後の一葉」を読んで，次のことについて話し合う。

　● ベアマンが，嵐の夜，びしょぬれになりながら，最後の一葉を描いたのは，どのような心から生まれたと思うか。

　・自分の命を軽んじているジョンジーを見て，黙ってみていられないベアマンの，忍びざるの心を明らかにする。

　● ベアマンは，ジョンジーの犠牲になったと思うか。

　・ベアマンの止むに止まれぬ心が一葉の絵を描かせたのであって，ベアマンが死んだのは，犠牲ではなく結果的な死であることを明らかにする。

③ 人は，誰でも忍びざるの心をもっていることについて話し合い，「人間は，いいなあ」と余韻を残して終わる。

※教材　オー・ヘンリー作／大久保康雄訳／『最後の一葉』（偕成社）による

Q5 いくつかの内容項目を関係づけて考えさせる多面的・多角的な道徳
の授業とは，どのような授業か

1　主な学習過程

①	生活経験を話し合ったり，教材を読んだりして，道徳的な学習問題をもつ。	・道徳的な問いをもつ。
②	教材を通して学習問題を考える際，一つの内容項目にとらわれないで，いろいろな内容項目から多面的・多角的に考える。	・いろいろな内容項目から，教材を読む。
③	いくつかの内容項目は，どのように関係しているか。何が「もと」になっているかを考えて内容と内容との関係を明らかにする。	・内容項目を関係づけてまとめる。
④	いくつかの内容の「もと」になっている心を明らかにした後，その心をもっている身近な人について話し合い，自分達も人間のよさに向かって生きていこうと話し合う。	・学んだことを生活に生かそうとする。

2　この授業の特色と正否を決める要点

● 教材の中には，いくつかの内容項目を構造的に関係づけて，人間のよさを描いているものがある。

● 例えば，教材「わきだした水」は，かにの努力と根気強さが描かれているが，その努力と根気強さを生んだものとしての魚の命を救いたいとする生命尊重の心や，思いやりの心を抜きにして，かにのよさを語ることはできない。したがって，この教材を活用した授業では，かにの努力や根気強さという表面的な行為を窓口にして，その行為を生んだ生命尊重の心や思いやりの心を，構造的に考えさせる必要がある。

● 道徳の教科書等に示されている教材の中には，このように，いくつかの内容項目を関係づけて構造的に考えさせないと，登場人物の人間的なよさを明らかにできないものがある。

● このように，人間のよく生きる営みは，一つの内容項目をもとに，いくつかの内容項目が関係しあって，人間のよさを志向していることが多い。その表層と深層とを構造的に考えないと，人間のよさがわからない。

- したがって教師は，教材を関係的・構造的に読むことが，重要になる。
- この授業は，道徳の授業改善の要点である「多面的・多角的に考える授業」の一つであるといえよう。
- ところで現場では，「子どもは，そのように多面的・多角的に考えることはできない」として，一つの内容項目に絞って授業を行う傾向があるように思われるが，果たして子どもには，そのような能力はないといえるか。子どもの能力を限定しないで，子どもの可能性を信じて教育に当たらなければ，子どもはいつまで経っても成長しないのではないだろうか。
- 子どもに挑戦させ，教師も挑戦することが大切ではないだろうか。
- この授業の正否を決めるのは，展開③の「いくつかの内容項目は，どのように関係しているか。何が『もと』になっているか」を考えさせて，内容と内容とをいかに関係的・構造的に把握させるかである。
- このような授業は，決して難しくはない。よく生きようとしている自分自身をもとに教材を読めば，その構造は自然に明らかになる。一つの内容項目を指導しようと教師が固執しないことで，新しいものが生まれるのである。

3　具体的事例

主題名・教材名　わたしの　ものがたり（低学年） 　　　　　　　　　　　　生命の尊さ・感謝・家族愛・努力と強い意志
ねらい - 自分が元気に成長できたのは，「自分の力」と「まわりの人の力」との二つの力によることがわかり，親やまわりの人々の愛の心に感謝し，自分のもっている生きる力を精一杯発揮して生きていこうとする。 　・自分は，よく生きようとする自分の力と，まわりの人の支えによって，成長してきたことがわかる。　　　　　　　　　　　　　　　　（道徳的理解） 　・「自分の力」と「まわりの人の力」とによって成長していく人間のすばらしさに感動する。　　　　　　　　　　　　　　　　　　　　　（道徳的心情） 　・自分を支えてくれた人に感謝し，自分の生きる力を精一杯発揮して生きていこうとする。　　　　　　　　　　　　　　　（道徳的実践意欲と態度）

展開の概要

① 自分は，誰の，どのような力によって大きくなったかについて話し合う。

② 教材「わたしの　ものがたり」を読んで，次のことについて話し合う。

　・ミルクを飲む自分の力や，ミルクを飲ませてくれた人の力。

　・歩こうとする自分の力や，温かく見守る親の力。

　・友だちと仲よく暮らそうとする自分の力や，仲よくしてくれた友だちの力。

　・給食を食べる自分の力や，給食を準備してくれた人々の力。

　・怪我や病気を治す自分の力や，親の看病や医師の力。

③ 自分も，自分のもっている生きる力と，親やまわりの人々の温かい支えによって，今の自分がいることをまとめる。

　・ここでは，自分の生命力，親の愛やまわりの人々の支えによることを構造的に明らかにする。

④ 自分の成長を調べて，それを，教材に示されている筍の絵を参考にしてまとめようという課題について話し合う。

　・ここでは，自分の生命力，親の愛やまわりの人々の支え，それらの人々への感謝等の内容項目を構造的に学ばせたい。

※教材　『小学　どうとく　ゆたかな　こころ　2年「わたしの　ものがたり」』（光文書院）による

Q6 理を究め，情に居る（考えてわかり，心が動く）授業とは，どのような授業か

1　主な学習過程

① 「このことについて教材を読んでぜひ考えたい。友だちや先生の考えも聞きたい」という道徳的な問いをもつ。	・問いを把握する。
② 問いに関して，教材に登場する人物の行為を明らかにした後，行為とその行為を生んだ心とを構造的に考える。	・人間のよさを考えてわかる。

③	よい行為を生んだ心をもった人をどう思い，そういう人とどう交わりたいと思うかについて話し合う。	・人間のよさに感動する。
④	学んだことをまとめて，問いはどのように解決されたかを考え，それを自分の生活にどのように生かすかという課題を明確にする。	・今後の生活を考える。

2　この授業の特色と正否を決める要点

● 一般的に行われている気持ち中心の心情道徳は，情を重んじた授業であり，最近注目されている問題解決的な授業は，理に偏りやすいともいえる。両方とも，情の教育か理の教育かの一方に偏りやすいのである。

● 私は，人間は，理では動かないと思っている。人間を動かすものは情である。しかし，その情が理に支えられていないと危ないことも確かなことである。

● 教育においても同じことがいえる。筋道を立てて冷静にものごとをみたり考えたりする理の力を育てる教育は極めて重要である。しかしその理の教育の上に，そういう行いや心はいいなあ，すばらしいなあ，美しいなあとする情の教育を行うことはさらに重要である。情は，人間を突き動かす根源的な力だからである。

● 私は，理を究める学習を「こくのある授業」といい，情を深める学習を「芳醇な授業」と名付けている。人間のよさを考えてわかり，そのよさに感動するというように，内容があって香りが高く，子どもの心の奥に沁みとおる授業である。理と情の教育は，同時・同所的であることが望ましいと考えている。

● まずは教材を読んで，人間のよさをいろいろな観点から広く深く考えさせる理の学習が大切であるが，何を考えさせたらよいか。

● 目に見える行為を通して，その行為を生んだ心は何かについて多面的・多角的に考えさせることが大切であろう。

● 次に，よい行為を生んだ心としての人間のよさのわかりを，いかにして情にまで深めるかが大切になる。端的にいえば，その心をもっている人は好きか嫌いかというような道徳的心情に関する情の学習をいかに設定するかである。

● このようにして，人間のよさに関するわかりが深くなり，そのわかりが子どもの心に沁みていけば，人間のよさを自分の生活に生かしていこうとする道徳的実践意欲と態度が高まると考えられる。

3　授業の具体的事例

主題名　心の友だちをつくろう（2・3年）	友情・思いやりの心
教材名　「二わのことり」	

ねらい

● 困ったり悲しんだりしている友だちがいたら，自分にできることを精一杯することの大切さがわかり，自分もそのような心をもって生活していこうとする。

・自分のことしか考えない人と，友だちの気持ちも考えてじっとしていられない心をもっている人との違いがわかる。　　　　　　　　　（道徳的理解）

・友だちの気持ちを考えてじっとしていられない心をもっている人に感動し，親しみの心をもつことができる。　　　　　　　　　　　　（道徳的心情）

・友だちの気持ちを考えて，じっとしていられない心は自分ももっていることを自覚し，そういう心を発揮して生活していこうとする。

（道徳的実践意欲と態度）

展開の概要

① 教師から教材「二わのことり」のあらすじを聞いて，「みそさざいと小鳥たちでは，どのような違いがあるかを考えよう」という問題意識をもって，教材を読もうとする。

② 教材「二わのことり」を読んで，次のことを話し合う。

　●みそさざいと小鳥たちの，目に見える行動には，どんな違いがあるか。

　・楽しんでいる小鳥たちと，心から楽しめないみそさざいの違いを明らかにする。

　●みそさざいはどうして楽しめないか。小鳥たちとはどんな心が違うか。

　・自分の楽しみに満足している小鳥たちと比べさせて，さびしがっているやまがらのことを思う心やその友だちのことを思うとじっとしていられない心をもっているみそさざいの心を明らかにする。

③ 自分は，どのような友だちがほしいかについて，話し合う。

　・みそさざいのような友だちがほしいとする反応が多いに違いないが，この学びによって，みそさざいの心に共感し感動する道徳的心情を深めたい。

④ 「友だちのためにじっとしていられない心」をもった人の話をたくさん探して読もうという課題について話し合う。

※教材　久保喬作／『日本児童文学者協会編　愛の学校　2年生「二わの　ことり』』（岩波書店）による

Q7 大主題構想（総合単元的な道徳学習）とは，どのような授業か

1　主な学習過程

第一時 ・学校や家庭の日常生活の中で，躍動すると考えられる道徳的な内容を予想し，その内容と関係の深い道徳の授業を行う。	・道徳の授業を行う。
第二時 ・日常生活で，実際に行ったり，くわしく調べたり，いろいろな人の話を聞いたりして，前時で学んだことを広げたり深めたりする。	・学校や家庭での日常生活で，読書・調査・話し合い・体験活動をする。
第三時 ・日常生活の中でどんな考えが広がったり深まったりしたかについて話し合う。	・道徳の授業を行う。

2　この授業の特色と正否を決める要点

● よく生きる営みは，考えては行い，行っては考えるという活動の連続であるともいえるが，この授業は，そのような人間の営みの縮図であるともいえる。

● 具体的にいえば，教材を通して人間のよさを考える道徳の授業と，学校の教育活動全体で行われる道徳教育や家庭における道徳教育との関連連携を図った道徳教育であり，「考えること」と「経験すること」を，一連の流れの中に意図的・計画的に関連づけた道徳教育である。

● 「実践なき理論は空虚であり，理論なき実践は無謀である」という言葉があるが，この授業は「理論」と「実践」，つまり「考えること」と「経験すること」は，一如であるとする考えに立っている。

● また，ここでいう経験には，渦中に我が身を置く体験以外に，間接的経験もこの教育構想の中に含まれていることを付記しておく。

● この大主題構想は，昭和55年に私が提唱した道徳教育論であるが，この教育構想は，押谷由夫氏によって提唱された総合単元的な道徳学習の教育構想と趣旨を同じくするものであろう。

- 大主題構想は,「頭を通した学習」と「体を通した学習」をセット化した教育であり,軽食コースと名付けた余韻を残して終わる道徳授業に比べれば,この大主題構想は,フルコースであるとよんでもよいが,それだけに一年間に一つか二つ程度の授業が望ましいと思われる。

- 第一時の道徳の授業は,一主題の場合もあれば,いくつかの主題による授業も考えられる。

- 第二時の活動は,わかったことを実践するということではない。経験することによって,道徳の時間で学んだことが深まり,それが体得されていくという意味での経験である。

- 第三時の道徳の授業は,実践報告会にならないように気を付けたい。ここでは,第一時の道徳の授業で学んだことが,経験を通してどのように広がったか,どのように深まったかを中心に話し合うことが大切であり,そのような授業によって,第一時の学びが,すとんと胸に落ちることを期待したい。

- 何事もそうであるが,物事には,特質と問題点がある。考えることと行うこととも,それぞれ特質と問題点をもっている。

- 大主題構想は,それぞれの特質を生かし合い,問題点を補い合うことによって,より大きな教育的効果を期待する教育論であるから,相互の特質や問題点を明確に把握して授業を構想する必要がある。

● どのような特質と問題点があるか。次に要約して示そう。

《道徳の授業における学びの特質》

①人間のよさの学びが，友だちや教師との学び合いによって共有される。

②目に見える表面的な行為と，その行為を生む目に見えない内面的な心が，関係的・構造的に認識される。

③学びが，一般性・永続性をもち，より確かなものになる。

《道徳の授業における学びの問題点》

①学びが，観念的・抽象的なわかりに止まり，他人事として認識されやすい。

②人間のよさの認識が，分析的・局部的になって現実性が薄く，理想的になりやすい。

③学びが，頭の中のわかりに止まり，胸に落ちるわかりにまで深まらない。

《経験における学びの特質》

①経験によって，渦中に身を置くから，人間のよさのわかりが，現実的・具体的になり，我が身につまされる。

②いくつかの内容項目が総合的に関連し合って，真の生きる力が躍動する。

③人間のよさのわかりが，心に沁みるわかりにまで深まる。

《経験における学びの問題点》

①同一経験をしても，学びが子どもによって異なる。

②目に見える表面的な行為が注目されて，その行為を生む目に見えない心が疎かにされやすい。

③理よりも情が優先されやすいため，学びが一般性・永続性に欠けやすい。

3　授業の具体的事例

主題名・教材名　わたしは　ひろがる（高学年）　　　　　　よりよく生きる喜び
ねらい ● 人間としてよく生きる喜びを感じながら，自分の考えや行動を拡充し，高みに向かって生きていこうとする。 　・自分は，多くの人とともに支え，支えられて生きていることがわかる。 　　　　　　　　　　　　　　　　　　　　　　　　　　　　　　（道徳的理解） 　・多くの人々と共に生きている人間の生き方に感動することができる。 　　　　　　　　　　　　　　　　　　　　　　　　　　　　　　（道徳的心情） 　・自己中心的な自分の心を改め，できるだけたくさんの人々と共に生きようと，心を広げて生活していこうとする。　　　　　（道徳的実践意欲と態度）
展開の概要 　1　第一時－道徳の時間 　　● 教材「わたしは　ひろがる」を読んで，次のことについて話し合う。 　　・わたしの中に，弟が入ってきたというのは，どういうことか。 　　・わたしの中に，お母さんが入ってきたというのは，どういうことか。 　　・わたしの中に，友だちが入ってきたというのは，どういうことか。 　　・わたしの中に，遠い国の人が入ってきたというのは，どういうことか。 　2　第二時－生活の中での調査 　　●「わたしの中に，弟・お母さん，友だち，遠い国の人，その他の人々や，自然が入ってきたことはないか」という意識をもって，1ヶ月の生活をし，それをノートに書き留める。 　3　第三時－道徳の時間 　　● 1ヶ月の経験を記録したノートをもち寄り，自分の中にどのような人が入ってきたかについて話し合う。

※教材　『岸武雄作／「わたしはひろがる」（子どもの未来社）』による

Ⅵ　導入に関するQ&A

Q1 導入で興味・関心を高めても，子どもが主体的・積極的に授業に参加しないことが多い。どのような導入を考えたらよいか

- 興味は，面白いと思うことであり，関心は，そのことについて自分と関係があるかないかに関わらず，無視するわけにはいかないと思うことであるが，興味も関心も野次馬的な要素がある。
- 指摘のとおり，興味・関心を高めても，主体的・積極的な学習にならないことが多い。
- 「気」という言葉がある。目には見えないが，「その場に満ちていると感じられる何か」である。
- その「気」は「このことについて是非考えたい」「友達や先生の考えも聞きたい」とする主体的な学習意欲が教室内に満ちているといってもよい。
- そのような人間のよさを学ぼうとする「気」は，子どもが人間の生き方に接したときに，その重要性を感じて，積極的に考えようとする知的な姿勢としての問いを意識したときに生まれるのではないだろうか。
- このような問いを意識すれば，興味・関心と比較して，より主体的で積極的に学ぼうとする姿勢が生まれると考えられるが，問いについては，次項で具体的に考えよう。

Q2 子どもが主体的に考えようとする問いには，どのような問いがあり，それはどのようにして生まれるか

- 子どもが道徳的な問いを意識していることはほとんどない。問いはどのようにして生まれるか考えてみよう。
- 問いは，生活をしっかりとみることから始まる。生活をみて，感動したり，違和感をもったり，疑問をもったりする。そうすれば，「そのことをどのように考えたらよいだろう」「どうしてそんなことができるのだろう」「それはどんな心から生まれるだろう」「それは是か非か」「何とかならないか」などと問いを意識し始める。
- 具体的には，次のような問いの意識化が考えられる。
  ・子どもの考えを混乱させて問いをつくる。（思いやりとは何か・勇気とは何か）

・アンケートの結果を見て問いをつくる。（○○が多いのは何故か・少ないのは何故か）

・経験をもとに問いをつくる。（私たちのお世話をしてくれている人々は，どのような気持ちで世話をしているだろうか）

・教師が問いを投げかける。（何に，どうして感動したのか）

● このような問いを受けて，「その問いを，教材を読んで考えてみよう」というように，問いが新しい問いを連鎖的に生んでいくのである。

● ところで，道徳の教科化によって，問題解決的な学習が注目されるようになったが，その学習で「あなたならどうしますか」という問いを意識させて，考えさせる授業がみられるようになった。

● 私は，「あなたならどうしますか」という行為を考えさせる問いだけでは，道徳教育にはならないのではないかと考える。

● 行為を考えさせる問いは，学習を活発にすることもあろうが，活発に話し合うだけでは意味がない。その学習によって，人間のよさに関する学びがどれほど拡充するかがみえてこないのである。したがって，「あなたならどうしますか」という問いを受けて，「何故，そうしますか」「その行為は，人間のよさからみてどのような意味がありますか」などと，行為を生む心を道徳的観点から検討する学習を行うことが重要なのである。

● 以上のような問いの意識を受けて，「自分はこのように思う」という自分なりの考えをもてば，自分の考えを友達や先生に聞いて確かめたいという「気」がさらに高まるだろう。

Q3 学級内で生じた問題は，必ずしも道徳授業の問題にはならないといわれるが，どういうことか

● 「学級内で起きた問題を，道徳の時間に取り上げて，解決したい」と安易に考えないことが大切である。

● 学級内で起きた問題は，個別的・表面的な問題になりやすい。道徳で取り上げたい問題は，一般的・内面的な問題でありたい。

● 学級内で起きた問題を取り上げて学習させることもあり得よう。その場合は，「この問題は，クラスメート全員の問題になり得るか」「この問いの学習によって，人間のよさを考えて学び合い，それを自覚し，それを求めようとする心が育つか」という観点から慎重に吟味する必要があろう。

Ⅶ 展開に関するQ&A

Q1 教材のあらすじ把握に時間をとられて，考えさせる時間が少なくなるが，どうしたらよいか

- あらすじの把握の学習で，子どもに丁寧に質問して考えさせ，子どもの反応を待ってあらすじを板書する学習をみることがある。
- あらすじを把握していなければ，十分な話し合いができないわけであるから，力が入ってしまうのであろう。
- あらすじを把握する学習は，道徳教育のねらいとは直接関係しないわけであるから，短時間に手際よく済ませたい。
- あらすじの把握は，子どもに問うて考えさせるまでもなく，あらすじをわかりやすく要約して，模造紙や板書などで示し，「今読んだ話のあらすじは，このようになっていますね」「いよいよみんなで考えたい問題です」「△△さんは，どうしてこのような行いをしたと思いますか」と，この一点に迫る発問をするようにしたい。
- 「この一点に迫る発問」について，しっかり考えさせる時間を確保するためにも，このようなあらすじ把握の工夫が必要である。

註－「この一点に迫る発問」については，本書のⅦ-Q7「発問に対する子どもの反応をどのように受け止めたらよいか」(p.46) で詳述する。

Q2 国語と道徳の教材の読みでは，どのような違いがあるか

- 国語も道徳も，読み物教材を活用するから，道徳の授業でも，国語の読解指導のような授業になりがちであるが，教材の取り扱いに関して，国語教育と道徳教育には大きな違いがある。
- 国語教育は，言葉の教育であるから，「あなたが，教材をそのように読みとったのは，教材のどの言葉を通してそのように考えたのですか」と言葉を通して考えさせる学習が基本になる。
- 一方道徳教育は，人間のよさ（道徳的価値）を学び合って，自分の生き方を考える教育であるから，「あなたが教材をそのように読みとったのは，あなたのどのような経験を通して，そのように考えたのですか」と，子どもの経験を通して考えさせる学習が基本になる。したがって，道徳の授業では，「あなたが病気をし

たときの辛さをもとに，この人の辛さを考えてごらん」のように，自分の経験に基づいて考えるように助言してやることが大切である。

●つまり，国語も道徳も，人間の生き方に関する学習ではあるが，人間の生き方を，言葉を通して考える国語と，経験を通して考える道徳には，大きな違いがあるということになる。

●このように考えると，道徳の授業に関して井上治郎から聞いた言葉「教材を語るとは，自分を語ることである」は，的を射た言葉ではないかと思う。

Q3 教材を読んで多面的・多角的に考えるとは，どういうことか

●多面的・多角的という言葉は，『学習指導要領』に示されたキーワードの一つである。

●当初現場では，多面的と多角的とは，どう違うかという不毛な議論がなされたが，現在もなお，続けられているようである。

●両者は同義である。『新明解国語辞典　第七版』（三省堂）では，「多面」を多くの方面とし，「多角」を多方面と示していることからも同義であるといえる。文部科学省も同義であるとしている。

●大切なことは，道徳的観点からみた，多面的・多角的とは何かということである。『学習指導要領解説』（p.18）によれば，多様な価値観を前提にして，「物事を多面的・多角的に考える」としている。人間の生き方には，多様な価値観があるから，人間を考える道徳の授業では，一面的に考えることはできないということである。従来，一面的な道徳の授業が行われてはいなかったかという反省の意味もあろう。

●教材を読んで道徳的な観点から多面的・多角的に考えるとは，次のような観点があると思われる。

a　行為だけでなく，行為を生む内面的な心と関連付けて考える。
　　・一つの行為にも，それを生むいくつかの心がある。
b　一つの内容項目だけでなく，いくつかの内容項目を関係づけて考える。
　　・一つの内容項目を核にして，いくつかの内容項目が関係しあって人間のよさをつくっている。
c　人間の美しさや強さだけでなく，醜さや弱さからも考える。

● これらの多面的・多角的に考える学習は，一律ではなく，授業を成立させる条件の違いによって異なるであろう。

● 多面的・多角的に考えるについて，「多面とは内面に向かって考えることであり，多角とは外面に向かって考えることである」とする主張がある。これは，前記で示しており，ここに示す多面的・多角的の一部にしか過ぎない。

Q4 一つの内容項目に絞らないで，人間のよさを多面的・多角的に考えさせると，何の指導をしたかが曖昧になるが，どうしたらよいか

● この質問は，前項で示した「b　一つの内容項目だけでなく，いくつかの内容項目を関係づけて考える」に関する質問であろう。

● 『学習指導要領解説』（p.24）の内容の「関連的，発展的な取扱いの工夫」によれば，「道徳的行為がなされる場合，（中略）一つの内容項目だけが単独に作用することはほとんどない」として，内容項目の関連的な取り扱いの重要性を述べている。

● 本書のⅠ-Q2「内容項目は道徳的価値と同義であると考えてよいか」（p.7）で，タイにアジトをもつ日本人の詐欺集団に例をあげて説明したように，内容項目を身につけさせることがねらいではなく，内容項目の向かう方向としての人間のよさこそ重要である。

● また，教材「わきだした水」（文部省）を活用した授業例のように，いくつかの内容項目を関係づけて構造的に考えさせなければ，人間のよさに向かう教育はできない教材もある。

● このことに関して，一つの内容項目に絞らないと子どもはわからないとして，一面的な道徳の授業を続けていると，「木を見て森を見ず」の例えのとおり，局部だけを考えて，大局的観点から人間をみることのできない子どもにもなりかねない。

● 子どもには無理だと決めつけないで，子どもに可能性が少しでもあれば，手を尽くすことが大切ではないだろうか。子どもの可能性を信じて手を尽くして指導しなければ，子どもはいつまで経っても成長しないのである。

● このような子どもの可能性を信じた教師の挑戦は，『道徳教育論集　第14号』（日本道徳基礎教育学会）の「道徳授業の土壌としての人間の良さに向かって学び合う『気』に満ちた学級づくり」で詳述しているので参考にされたい。

Q5　道徳の授業には，どのような発問が考えられるか

- 展開段階の教材を通した学び合いの学習に絞って考えれば，次の発問が考えられる。

> a　よい行為は何かを考えさせる発問
> b　よい行為を生む心を考えさせる発問
> c　よい行為や行為を生む心を，いくつかの内容項目から関係づけて考えさせる発問
> d　よい行為や心を学び合った結果，自分はどのような心情をもったかを問う発問
> e　よい心は，自分ももっているかを問う発問

- これらの発問は，授業を成立させる条件の違いによって，異なることは当然のことである。私は，これらの発問を一つか二つに精選する必要があると考えている。

Q6　発問をするとき，どのようなことに気をつけたらよいか

- 発問をヒント・助言・指示・確認・問い返しなどと混同しないように気をつけたい。
- 発問は，教師からの一方的な質問ではなく，子どもの問題意識と関係づけて，それを生かした発問をするように心掛けることが大切である。
- 道徳の授業における発問は，主発問と補助発問とがあるが，主発問は一つか二つ程度に精選し，補助発問も，できるだけ少なくしたい。補助発問をしている中で，主発問から離れてしまうことがしばしばある。また，主発問や補助発問の乱発によって，子どもたちがじっくり考えたり，それをノートにまとめたりする時間がなくなる授業を参観することが多い。
- そこでも発問を一つか二つに精選する必要がある，精選された主発問を，私は「この一点に迫る発問」と呼んでいる。
- 主発問が精選されると，「いろいろな考えがあると思いますよ」と多面的・多角的に考えるよう助言して，じっくり考えさせる時間的な余裕も生まれる。

Q7 発問に対する子どもの反応をどのように受け止めたらよいか

● 子どもの反応は，発言だけでない。ノートやうなずき・表情なども反応である。「あなたは今，うなずきましたね。どんな考えを聞いてうなずいたのですか」「あなたがノートに書いた文のここのところを読んでごらん」などと，子どもの反応を見逃さないように努める必要がある。

● 次に，子どもの反応を理解し合うことが大切である。子どもの発言は舌足らずであり，自分の真意を十分に表現できているとはいえない。そこで，これらの反応に対して「あなたの考えは，どういうことですか。もう一度詳しく話してくれませんか」と問い返したり，「あなたの考えは，○○といってよいですか」と確認したり，「Aさんの考えを，代わって説明してくれる人はいませんか」と他の子どもに代弁させたりして理解し合うことが大切である。

● また，これらの子どもの反応を，生のまま板書しないで，その反応を全員で道徳的観点から検討し，「そうであれば，このように表現できるね」と適切な言葉にまとめて板書することが大切である。そうすることによって，道徳的な学び合いが可能になる。

● さらに，子どもの反応を肯定的に受け止めるだけでなく，「そうかな」と首を傾げたりすることもあってよい。そうすることで，子どもたちは新しい考えを生み出そうとするようになり，学習が主体的・積極的になる。

Q8 発問に対する子どもの反応を道徳的に深めていくには，どうしたらよいか

● 子どもの反応のすべてを，子どもの発言のとおり板書し，「いろいろな考えがありますね」と，同義の反応や，カテゴリーが異なる反応を羅列的に板書しただけの授業を散見する。これでは，道徳的な学び合いはなされない。

● 子どもの反応を，道徳的観点から比較させたり，類別させたり，構造的に関係づけたりさせることが大切である。

● 子どもの反応を比較させることは，傷つく子どもが生じるからやめるべきであるとするタブーがあるが，このタブーは疑問である。これは，教育とは何かに関わることであるが，すべての反応を立派ですと生のままに受け止めることが，人間のよさを求めて学び合う学習といえるだろうか。

● 子どもの反応を道徳的観点から吟味し，その道徳的意味を明らかにすることによ

って，道徳的な学び合いが生まれ，学習が深まっていくのである。

●例えば，教材「心と心のあく手」（文部科学省）に例をとって考えてみよう。「この話を読んで，はやとさんのどんなところがすばらしいなあと思いましたか」と発問したとする。子どもは次のように反応すると思われる。

> a　荷物を持って辛そうにしているおばあさんに，気がついたところ
> b　おばあさんに，声をかけようかどうしようかと迷っているところ
> c　おばあさんに，荷物を持ちましょうと声をかけたところ
> d　大丈夫と断られたのに，翌日もおばあさんの後ろ姿をじっと見ているところ
> e　おばあさんの後をついていくところ

●子どもの反応は，このように表面的な行為の善し悪しに注目して反応することが多いと思われるが，その反応を生のままに受け止めて板書しても，道徳的な学びは浅薄である。子どもの反応を比較させたり類別させたりして，次のように道徳的観点からまとめることによって道徳的な学びの深まりが可能になるのである。

> aは，困っている人を見逃さない心（関心）をもっている人である。
> bは，強い心と弱い心と間で迷っているが，何とかしてあげたいという心があるから迷っている。だから何とかしたいと思う心が強い人である。
> cは，よいと思ったことを，実行できる人である。
> d，eは，おばあさんのことを，自分のおばあさんのように心配する心をもっている人であり，このような人を，思いやりのある人という。

Q9 板書の教育的な意義は何か。その意義を生かすためには，どうしたらよいか

●板書は教師だけでなく，子どもにも板書させたい。そうすることによって，学習が主体的・積極的になろう。

●板書の教育的意義として，次の3点があげられる。

・その第1は，学びの共有化である。一人の子どもの考えを適切に板書することによって，個人のものから，学級全体のものとして共有化される。

・第2は，考えを深める資料としての意義があげられる。子どもが問いに関して

思考を進める際，板書を見ながら考えたり，子どもが板書しながら考えたりするという意義がある。

・第3は，学習の軌跡が表示されることである。導入から，展開，終末に至る学習の軌跡が累積的に表示され，それが，次の学びの発展的な資料にもなる。

●何を板書したらよいか。板書したい内容を学習過程に即して考えてみよう。

・導入では，みんなで考えたいと思う問いや，問いに対する子どもたちの考え。

・展開では，教材に登場する人物の行為や，その行為を生む心，さらには行為と心との構造的関係。

・終末では，この学習によって学んだ道徳的内容の要点や，今後の課題。

●板書は，右から左へ，上から下へと順序よく書くとは限らない。上記した内容を取捨選択して，「この学習によって学んだ道徳的内容の要点」を中心に構造的に表示するよう心掛けたい。

Q10 ノートの教育的な意義は何か。その意義を生かすには，どのような方法があるか

●ノートに書く活動は，板書を写すということではなく，自分の考えをノートに書く活動を指す。

●書く活動の教育的意義として，次の4点があげられる。

・第1は，自分の全能力を傾ける思考活動であるということである。考えては書き，書いては考えるという思考の連続であり，「書くことは考えることである」ともいえる。

・第2は，書くことは，自分を映す鏡であるという意義である。書くことによって，偽りのない自分の素顔が映し出される。そうすることによって，「自分は，よくわかっていないなあ」と思ったり，「自分は，こんなことを考えていたのか」と自分の考えが明らかになったりして，それが自覚されていくのである。

・第3は，情報処理能力を高めるという働きがある。自分の考えを適切な言葉で表現する能力は，ネット社会に生きる子どもにとって，必修不可欠の能力である。

・第4は，全児童が学習に参加できるという意義が考えられる。発表が不得手の子どもも，何となく参加していた子どもも，否応なく，学習に参加できる。

● 次にノートは，いつどのように書かせたらよいか。学習過程に沿って考えてみよう。

・導入では，何について考えるかという問いと，その問いに関する自分の考えを書く活動が考えられる。

・展開では，問いに対する自分の考えや友達や教師から学んだことを書くことが中心になろう。

・終末では，「自分は，この学習で何を学んだか」という学習のまとめや，これからの自分の生活課題を書くことが中心になろう。

● これらのすべてを書くことは無理であろうから，これらの中の何を書かせるかは，ねらいや教材，子どもによって異なろうが，最終的には教師の判断に委ねることになろう。

● このような，ノートに書く活動の意義や方法について，子どもに丁寧に説明して，繰り返し練習させることが大切である。

Q11 「本音を言わせる」について，どのように考えたらよいか

● 「本音と建前」という言葉がある。本音は，自分の本当の感情や考えであり，建前は，表向きの態度や発言をいうが，理想も含まれている。

● 一般的には，本音を言わせることを肯定的にとらえる。それに対して，建前は否定的にとらえがちである。教育においても，子どもに，本音を言いなさいと要求する。

● われわれは，本心から出た言葉だけで生活しているかと自問してみよう。本音で話し合えば，争いが起きることもある。

● 本音を言えば，相手を傷つけはしないか，失礼には当たらないかと考えて話をしていることもある。文化は，「飾る」という意味をもっているが，自分の本心を飾ることによって相手に柔らかく伝えることができるのである。そういう人が教養のある人である。

● これは，言動を時と場によって使い分ける礼儀のように，「飾る」という和を大切にした日本の文化である。

● 「本音と建前」をこのように考えると，「本音を言わせる」という言葉は，教育者が子どもに対して使う言葉であろうかと思う。そういう目で子どもを見る教師であってよいものかと疑問をもつ。したがって，私は，使わない。

Q12 教材に子どもを重ねて考えさせる活動は，どのように考えたらよい か

- この質問は，展開後段といわれている活動を指していると考えられるが，極めて難しい。

- 子どもに，よい行いやそれを生む心を思い出しなさいと急に要求しても無理である。自分が同じように問われた場合，すぐに反応できるかと考えればわかることである。仮に子どもが思い出したとしても，その内容は，貧しく，教育的効果は少ないように思われる。

- そこに教師の工夫が求められる。例えば，事前に児童生徒の道徳的なよさを，日記・作文・先生あのね・日常の観察・親の観察などを通して調査し，それを教材化して示すといった工夫が必要である。

- 「教材を語ることは自分を語ることである」とする考え方もある。これは，教材について話し合っている段階で，自分の経験を重ねで考えているとする教育観である。このことは，本書のⅦ-Q2「国語と道徳の教材の読みでは，どのような違いがあるか」（p.42）で述べたとおりである。

Ⅷ 終末に関するQ&A

Q1 終末で，まとめの学習は，どのように考えて，どうしたらよいか

● まとめの学習は，学習の節であり，次への飛躍台になるものである。

● したがって，「自分はこの学習によって何を学んだか」と自問して，まとめさせることが大切になろう。

● まとめは，自分の言葉でノートにまとめさせることが大切であるが，慣れない段階では，うまくまとめることができない。その場合は，板書されている言葉を使ってまとめさせるとよい。書く量も指導したい。このような指導の繰り返しによって，子どもは，まとめる能力を身につけていく。

● まとめは，個別的なまとめが基本であるが，友達のまとめを聞いて，自分のまとめを見直す活動もあってよい。これも，他者の考えを聞いて自分の考えを拡充するという学び合いの一つである。

● 子どもたちが個々人でまとめたものを，背面黒板に掲示して，子どもたちが友達のまとめを読んで学び合わせる活動も効果的である。

Q2 終末で，生活上の課題をもたせる学習は，どのように考えたらよいか

● 「今後自分は，どのような課題をもって生活したいと思うか」を展望する活動であるが，この活動は，「道徳の授業は，道徳教育の始まりである」とする教育観に立っているといえる。

● 課題をもった生活は，学んだことを実行するということではなく，課題をもって生活することによって，道徳の時間で学んだことが胸に落ちる活動であるという教育観に立っている。

● 具体的には，学んだ内容に関して，他の読み物を読む・家族で話し合う・調査活動をする・実際に行うなどの活動が考えられる。

● 教科化された道徳の時間を，「特別の教科　道徳」としたのは，他の教科と異なり，このような発展的な活動を重視しているからではないかとも考えられる。

Q3　終末で，まとめさせたり，生活上の課題について話し合わせたりする時間がないが，どうしたらよいか

- 学習をまとめさせたり，今後の生活上の課題を話し合わせたりする学習は，「道徳の授業は，道徳教育の始まりである」とする教育からすれば，極めて重要な活動である。

- ところが現場では，この活動に費やす時間がないために，心ならずも，軽視しがちになる。

- この質問は，発展的な活動の重要性を認識した上で生まれた質問であろうが，何とか時間を確保したい。あらすじの把握を手際よく済ませたり，発問を精選したりして，終末活動の時間を確保したい。複数時間扱いも一つの方法であろう。

- 複数時間扱いは，内容項目の数が，低学年19，中学年20，高学年22であるから可能であり，いくつかの内容項目を関係づけて扱えば，さらに容易になろう。

- 他教科のように，宿題を出すことも考えられる。

Ⅸ　子どもの道徳的成長の評価に関するＱ＆Ａ

Q1　子どもの道徳的成長の評価は，どのように考えたらよいか

　「特別の教科　道徳」の評価は，「人間が人間を評価することができるか」という根本的な問題に関することであり，重要課題であるが，このことをどのように考えたらよいだろうか。

　この課題を受けて，「特別の教科　道徳」の評価に関する書籍が数多く出版されている。

　次に示す評価例は，某社から出版された「特別の授業　道徳」の評価に関する，ある書籍にみられる評価例である。

> A　いつも積極的に授業に参加し，役割演技にもチャレンジしていました。
> 　　演技中，先生からの問いかけにも即座に対応することができていました。
> 　　役になりきって考えている証拠です。
> B　学習後，係の仕事など熱心に取り組む○○さんの姿がありました。
> 　　学習したことが生きている証拠です。

　私は，問題のある評価ではないかと思う。

　Aの例は，役割演技という学習活動の評価である。これは，『学習指導要領解説』（p.112）の「具体的な学習の過程を通じて児童の学習状況や道徳性に係る成長の様子を把握する」という文言を受けたものであろうが，子どもの道徳的成長の評価はどこにも見当たらない。

　この評価を受けた子どもは，役割演技をさらに上手になろうと考えるかも知れないが，それが，その子の道徳的な成長にどのように関係するか，理解に苦しむ。

　Bの例は，行動しているかいないかの評価である。行動を評価されることを意識して，心の伴わない目先の行動のみを取り繕う偽善者を育てかねないとも危惧する。

　このような評価が行われかねないのであるから，「特別の教科　道徳」の評価は，慎重に考える必要があろう。

Q2 文部科学省は，「特別の教科　道徳」の評価をどのように考えているか

　「特別の教科　道徳」の評価に関する文部科学省の見解を見てみよう。注目すべき趣旨を要約したものが次の表である。

「特別の教科　道徳」の評価に関する文部科学省の見解の要点

1　評価の目的
　①　児童生徒が自らの成長を実感し，学習意欲を高め，道徳性の向上につなげていく。
　②　教員の道徳教育に関する目標や計画，指導方法の改善充実の資料として生かす。
2　評価の内容
　①　指導のねらいとの関わりにおいて評価する。
　②　道徳的行為の評価ではない。例えば，一面的な見方から，多面的・多角的な見方へ発展しているか，道徳的価値を自分自身との関わりの中で深めているかといった点に注目して見取る。
　③　特に顕著と認められる具体的な状況を見取る。
　④　内容項目ごとに評価するのは望ましくはない。大くくりな評価が望ましい。
3　評価の方法
　①　児童生徒間の比較ではなく，個人内成長の過程を重視する。
　②　数値による評価ではなく，言葉による評価を行う。
　③　指導のねらいに照らして，発言やノート，うなずきや拍手，レポート，日常の行動の観察，面接など，様々な方法で資料を収集して評価する。
　④　児童生徒の自己評価なども用いる。
　⑤　担任の評価だけでなく，他の教師による評価も生かして評価する。
4　評価の活用
　①　調査書への記載や入試での活用は行わない。

　前項で述べたＡ・Ｂの評価例が，この趣旨に沿っていないことは明らかであるが，「内容項目ごとに評価するのは望ましくはない。大くくりな評価が望ましい」を，どのように理解したらよいか。このことを含めて，以下，具体的に考えてみよう。

Q3　道徳の評価は，ねらいに限定して評価することが大切ではないか

①　「特別の教科　道徳」の評価は，公的機関が行う評価であるから慎重を要する

　「特別の教科　道徳」の評価は，人間が人間を評価できるかという難問であるが，われわれは私的な関係の中で，「あの人は信頼できる」「あの人は心が温かい」「あの人は自分勝手なところがある」「あの人には謙虚さがない」などと，人間的評価を日常的に行っている。

　ところが，「特別の教科　道徳」の評価は，私的な人間評価ではなく，学校という公的機関が行うわけであるから，慎重でなければならない。

②　ねらいに限定して，評価する必要があるのではないか

　「人間が人間を評価することはできない」とすれば，評価の観点を限定する必要がある。そこで，道徳授業の「ねらいに限定して評価する」と考える必要があろう。

　学校では，ねらいを立てて道徳の授業を行っているのであるから，子どもをそのねらいにどれだけ近づけ得たかという評価を行うべきであり，それは教師の責任でもあろう。

　ところで，前記した「内容項目ごとに評価するのは望ましくはない。大くくりな評価が望ましい」とする文部科学省の見解は，どのように理解したらよいであろうか。「大くくりな」については，学期や年間といった一定の時間のまとまりの中で把握するとしている。

　しかし，学期や年間を通したねらいから評価した場合，抽象的な評価になり，子どもや保護者に理解できないこともあろう。したがって，顕著な授業例を示して，その事例を通して一学期や一年間の成長を評価するように努める必要があろう。

註－ここでいう，ねらいからの評価は，内容項目からの評価ではない。本書のI－Q2「内容項目は道徳的価値と同義であると考えてよいか」(p.7) で述べたように，ねらいは，内容項目の上位概念だからである。

註－子どもを変えるものは何かについては，教材・教材を読んだ友達や教師の考え・日常生活の中での経験などが考えられるが，別の機会に譲る。

Q4 「特別の教科　道徳」の評価は，具体的にはどのように行ったらよいか

①　評価の具体例

　前記した基本的な考えに基づいた，子どもの道徳的な成長の評価を具体的に考えてみよう。

A　人としてよいことか，よくないことかを考える力が育っていると思います。

　「二わのことり」の学習をしたとき，「自分のことしか考えない人と友達の気持ちを考える人とは，ちがいます」と発表しました。

　何がよいことか，何がよくないことかを考えて，それがわかる力は，人にとってとても大切なことです。しっかり育てていこうね。

B　人の心をいろいろな観点から考える力が育っていると思います。

　「ミレーとルソー」の学習で，「ルソーは，なぜうそをついてまでして絵を買っただろうか」という問いに対して，たくさんの心を見つけ出してノートに書きました。

　人間の行いや心を多面的・多角的に考える力を育てていけば，心の広い人間になれると思います。

C　よいことをいいなあと思い，悪いことを憎む心が育っていると思います。

　「二わのことり」の学習で，友達が「みそさざいには，友達のことを心配する心があると思います」と発表したとき，拍手をしたり，うなずいたりしていました。

　それは，悲しんでいる人を思う心のすばらしさに感動したからです。いいことをいいと感動する心をもっている自分を大切に育てていこうね。

D　いろいろな話を読むとき，自分を重ねながら読む力が育っていると思います。

　「ぼうや，生きていてくれよ」の学習をしたとき，あなたは「岡村さんのように，人を助けたいと思っている人は，私たちのまわりにもたくさんいると思います」とノートに書いたことがありました。

　物語を読むとき，自分を重ねながら読もうとするのは，いろいろな人から，人間のよさを学ぼうとする心をもっているからです。「我以外，皆，我が師」の心を大切にしていこう。

E　道徳の時間に学んだことを，もっと深めよう広げようとする心が育っていると思います。

　「世界の文化遺産」の学習をしたとき，日本にある文化遺産のことを家族で話し合ったそうですね。

　学んだことを，人に聞いたり，調べたり，本を読んだり，実際に行ったりして深めていくことは，人間のよさを豊かにしていく「もと」になります。自分を高めていこうとする心を大切にしよう。

　5事例とも，文を3段に分けて記述している。

　前段は，子どもの一学期間の道徳的成長を大まかにまとめて示している。その中で，AとBの例文は，道徳的理解，判断力に関する成長，Cの例文は，道徳的心情に関する成長，DとEとの例文は，道徳的実践意欲と態度に関する成長の評価である。

　中段は，大まかに示した子どもの道徳的成長の様子を，具体的な事例を示して説明している。このことによって，前段の評価が実感的に納得されると思われる。

　後段は，子どもの道徳的成長は，人間のよさからみてどのような意味があるかについて述べているが，励ましの意も込めている。

②　評価資料の収集

　ノート，授業中の発言や動作，授業後の課題をもった生活の観察，日記や作文などを日常的に記録しておくことが大切であろう。次のような項目について，子どもに自己評価させることも考えられよう。

　a　新しくわかったことがありましたか。それはどんなことですか。
　b　自分の考えが広がったり深まったりしたことがありましたか。それはどんなことですか。
　c　それはすばらしいなあと思ったことがありましたか。それはどんなことですか。
　d　これまでの自分について考えたことがありましたか。それはどんなことですか。
　e　道徳の時間で学んだことを，もっと詳しく調べようとしたことがありましたか。それはどんなことですか。

③　評価についてひとこと

　評価は，教師から子どもへの一方的な評価ではなく，この評価によって教師と子どもや親との間に，人間のよさに関するキャッチボールが始まることを期待したい。

Q5 道徳の授業で，子どもは変わるだろうか，変わるとすれば，変えるものは何か

　道徳の授業で，子どもが変わるといえば，道徳教育の成果を，短絡的に期待してはならないとする意見が生じる。正論である。道徳教育は人づくりの教育であるから，道徳の授業の成果を大局的・長期的にみることは大切である。授業で子どもの生き方が急に変わるわけではない。しかし，道徳の時間では，人間のよさが少しだけわかったり，それに心を動かしたり，何かを行おうと思ったりする。このような子どもの心の小さな変化は，時間を経ればまた元に戻るかもしれないが，このような学習を繰り返していくことによって子どもの生き方が少しずつ変わっていく。その大切な営みが，道徳の授業である。人づくりという大局的・長期的な見方が大切だからといって，一時間一時間の道徳の授業を疎かにしてよいわけはない。

　このように，道徳の時間を通して子どもたちは少しずつ変わっていくのである。

　そういう成長を「あなたは，このように成長しましたよ」と肯定的に評価してやることは大切ではないか。

　中教審の答申でも，「道徳教育における評価は，指導を通じて表れる児童生徒の道徳性の成長の様子を，指導のねらいや内容に即して把握するもの」と述べているとおりである。

おわりに

　横浜に仕事場を構えて６年になる。

　マンションだから，鎌倉の自宅に比べて緑が少ない。緑を求めて，家から１キロほど離れた小高い丘までの往復を散歩道にしている。足腰を鍛える所として不満はないが，途中は街中であるから，歩きながら考えるコースとしては不満である。

　鎌倉の自宅に帰ればいいではないかと思うが，日頃，あの急坂を登らなければならないと思うと気が進まない。６年も慣れ親しんできた所とも離れ難い。

　大学を定年退職して，外出するのは講演や学会等で一週間に２回程度であるから，自宅に居る時間が増えた。

　若い頃，原富男先生は「私は，怠け者だから，家にいるときは，朝９時には，机につくように心掛けているよ。机に向かっていると，原稿を書くとか，書を読むとか，調べものをするとか，何かを始めるものだ」と話されたことがある。大先生でもそうであるかと親しみと尊敬の念を抱いた。

　私も，原先生に学んで，朝７時30分に起床し，朝ドラを視聴し，９時には机につくようにしている。朝ドラの視聴は，目覚ましである。

　本書は，そういう中でまとめたものであるが，続けて『道徳教材の読みと発問の精選』や『先生，あのね』を，まとめ始めている。

　怠け者の私でも，形を整えれば勉強を始めるものだと思う。

　私の教師歴は，60年に及ぶが，筆休めの時間に，「自分は教師たり得たか」と思うことが多くなった。

　特に，筑波大学附属小学校でお世話になっていた22年間，「同じ人間として，子どもと真剣に向き合ってきたか」「人生の先輩として，子どもを丸ごと温かく包み込んできたか」と自問し，忸怩たる思いにかられるが，もう遅い。

　自分に誇れるものことはないかと過去を顧みると，一つだけあるように思う。

　それは，教師としての「破」を貫いてきたことではないかと思う。

　茶道，能，武道に，守・破・離という成長段階があるが，教師にも守・破・離という成長段階があることは，本文でもふれた。私は若い頃から破を貫いてきたと思う。

　守は，よいといわれる授業の型や技を忠実に守って，身につける段階である。

　破は，よいといわれる授業の型や技に疑問を抱き，その型や技のもとになっている考え方を探り，もっとよい教育はないかと苦心する段階である。

　離は，自分独自の道を究め，授業を成立させる諸々の条件を生かして，自由自在に授業ができる段階である。

　私の教師１年目は，守の段階にいたと思うが，２年目から破の段階に入ったと思う。

　教師は，技術者ではなく，魂の教育者であると考えていたからである。

　守・破・離に関して「規矩作法守りつくして破るとも離るるとても本を忘るな」という言葉が『利休百首』にある。

　私は「本を忘るな」の「もと」に立って道徳教育を考えてきたと思っている。そのもとは何か。それは難しいが「道徳の授業たらしめているもの」といってよいと思う。

　あれから60年，今なお破の段階におり，離の段階は遠い。

2020年８月　著者

索引